AF143620

BEI GRIN MACHT SICH IHR WISSEN BEZAHLT

- Wir veröffentlichen Ihre Hausarbeit,
  Bachelor- und Masterarbeit

- Ihr eigenes eBook und Buch -
  weltweit in allen wichtigen Shops

- Verdienen Sie an jedem Verkauf

Jetzt bei www.GRIN.com hochladen und kostenlos publizieren

Anonym

Integration eines Kindes mit Down-Syndrom im Regelkindergarten

GRIN Verlag

Bibliografische Information der Deutschen Nationalbibliothek:

Die Deutsche Bibliothek verzeichnet diese Publikation in der Deutschen National-
bibliografie; detaillierte bibliografische Daten sind im Internet über http://dnb.d-
nb.de/ abrufbar.

Impressum:

Copyright © 2009 GRIN Verlag GmbH
Druck und Bindung: Books on Demand GmbH, Norderstedt Germany
ISBN: 978-3-656-92959-8

Dieses Buch bei GRIN:

http://www.grin.com/de/e-book/295024/integration-eines-kindes-mit-down-syndrom-
im-regelkindergarten

GRIN - Your knowledge has value

Der GRIN Verlag publiziert seit 1998 wissenschaftliche Arbeiten von Studenten, Hochschullehrern und anderen Akademikern als eBook und gedrucktes Buch. Die Verlagswebsite www.grin.com ist die ideale Plattform zur Veröffentlichung von Hausarbeiten, Abschlussarbeiten, wissenschaftlichen Aufsätzen, Dissertationen und Fachbüchern.

Besuchen Sie uns im Internet:

http://www.grin.com/

http://www.facebook.com/grincom

http://www.twitter.com/grin_com

Inhalt

1. Einleitung

Die Geburt eines Kindes ist für die Eltern ein großes Geschenk, die Freude ein neues Familienmitglied nach neun Monaten in den Armen zu halten ist überwältigend. Sie stellen sich viele Fragen im Laufe der Schwangerschaft, ob sie den Anforderungen gerecht werden, wie sich das Kind entwickeln wird, aber auch der finanzielle Aspekt wird berücksichtigt. Die letzten Vorbereitungen werden getroffen, das Zimmer wird eingerichtet und es treten langsam Befürchtungen auf, wie die Geburt verlaufen und ob das Kind gesund auf die Welt kommen wird.

Nach der Geburt wird eine Diagnose festgestellt, dass das Kind eine geistige Beeinträchtigung aufweist, das Down-Syndrom. Ein Schock für die Eltern. Sie möchten es einfach nicht wahrhaben und geben sich in diesem Moment die Schuld. Sie hoffen, dass der Arzt sich getäuscht hat und mit dem Kind alles in Ordnung ist. Die Realität holt sie wieder auf den Boden zurück. Die Eltern versuchen sich damit abzufinden, sie haben Angst vor der Meinung der Familienangehörigen und der Gesellschaft.

Dieses Thema betrifft viele Eltern, Kinder und die Gesellschaft, in der wir leben. Laut Statistik kommt bei ca. 700 Geburten ein Kind mit Down-Syndrom zur Welt. Viele Elternpaare entscheiden sich gegen das Kind, da sie den Anforderungen nicht gerecht werden und Angst vor der Zukunft mit dem Kind haben. Eltern, die sich für das Kind entschieden haben, bekommen die Chance ein Kind mit vielen Besonderheiten aufwachsen zu sehen.

Durch meine Praxiserfahrungen, hat mich dieses Thema sehr bewegt und ich möchte mich daher mehr mit damit auseinandersetzen. In meiner Praxisstelle konnte ich viele Erfahrungen mit dem Kind, welches das Down-Syndrom hat, sammeln. Ein wichtiger Aspekt blieb jedoch unbeantwortet. Die Frage nach der Integration in einem Regelkindergarten. Dies ist auch der Schwerpunkt dieser Arbeit.

Da dieser Begriff immer mehr an Bedeutung in der pädagogischen Arbeit gewinnt und sich auch viele ErzieherInnen damit auseinander setzen müssen, habe ich mich mit diesem Thema befasst, um mehr über die Integration des Kindes zu erfahren. Viele medizinische Begriffe müssen unberücksichtigt bleiben. Ich habe mich allerdings auf die Ursachen und die Merkmale des Down-Syndroms beschränkt. Ein weiterer wichtiger Aspekt mit dem ich mich befasst habe, war die Umsetzung der Integration in einem Regelkindergarten und was wir als ErzieherInnen in unserer pädagogischen Arbeit leisten können, um die Kinder mit vielen Besonderheiten in die Gesellschaft zu etablieren.

1

2. Das Down-Syndrom

Das Down-Syndrom ist ein angeborenes Krankheitsbild und bereits bei der Geburt vorhanden. Die Bezeichnung Down-Syndrom geht auf den britischen Arzt John Langdon Down(1828 – 1896) zurück, der 1866 als erster die typischen Merkmale des Syndroms beschrieb und sie als abgrenzbare Einheit erkannte. Damit unterschied er diese von anderen Menschen mit geistiger Behinderung. Das Down Syndrom ist ebenfalls unter Mongolismus bekannt. Dieser Begriff ist eine veraltete Bezeichnung und stammt aus dem 18. Jahrhundert in Anlehnung an das Volk der Mongolen, wegen der charakteristischen Augenform. Heute hat der Begriff jedoch einen abwertenden Beigeschmack und sollte deshalb nicht mehr gebraucht werden, da es für das Kind eine Herausforderung darstellt sich in die Gesellschaft zu integrieren und akzeptiert zu werden.[1]

2.1 Ursachen

Viele Wissenschaftler haben sich im Laufe der Zeit mit dem Syndrom auseinander gesetzt und 1959 stellte Jérome Lejeune in Paris fest, dass bei Kindern mit Down-Syndrom ein zusätzliches Chromosom (Träger der Erbinformation im Zellkern) vorkommt. Jede Körperzelle enthält 46 Chromosomen. Diese bilden 23 Paare, wobei das eine Chromosom eines Paares von der Mutter stammt und das andere von dem Vater. Jedesmal wenn sich eine Körperzelle teilt, erhalten die neugebildeten Zellen wieder den vollständigen Chromosomensatz, 46 Stück. Bei einem Kind mit Down-Syndrom ist das Chromosom 21 daher nicht zweifach, sondern dreifach vorhanden. Der Fachausdruck dafür lautet Trisomie 21. Deshalb haben Menschen mit Down-Syndrom meist in jeder Zelle 47 Chromosomen statt nur 46. Dieses Chromosom verursacht die Verlangsamung der körperlichen als auch der geistigen Entwicklung des Kindes. Eine weitere Ursache an dem Syndrom zu erkranken, liegt im Alter der Mutter. Mit zunehmendem Alter, ca. ab 35 Jahren, wächst das Risiko ein Kind mit Down-Syndrom zu bekommen.[2]

2.2 Merkmale

Der Mensch wird in seinem Aussehen und in seiner Verhaltensweise durch seine Gene bestimmt. Da das Kind die Anlagen von seinen Eltern bekommt, übernimmt es von ihnen einige Merkmale z.B. die gleiche Haarfarbe. Auch ist die Entwicklung sehr ähnlich, obwohl diese etwas langsamer verläuft als bei anderen Kindern.

---

[1] (vgl. Siegfried M. Pueschel, 1995, S.36f)

[2] (vgl. Siegfried M. Pueschel, 1995, S.38ff)

Trotz der Anlagen, die von den Eltern übernommen werden, haben die Kinder mit Down-Syndrom etwas gemeinsam und zwar das zusätzliche Chromosom Nr.21. Es beeinflusst bei allen Kindern den Körperbau und die Entwicklung. Obwohl die Kinder unterschiedlich in ihren alltäglichen Verhaltensweisen sind, gibt es viele Merkmale die auf das Kind mit Down-Syndrom zutreffen. Viele dieser Kennzeichen können einzeln auch bei nicht beeinträchtigten Kindern auftreten.

Bereits nach der Geburt sind Besonderheiten zu erkennen, ein besonderes Gesicht, eine verbreiterte Nasenwurzel, die häufige Frühgeburt oder ein Herzfehler sind Anzeichen, die auf das Down-Syndrom hindeuten können.

Die Augen fast aller Kinder sind leicht schräg aufwärts gerichtet. Zusätzlich verläuft oft eine schmale Hautfalte senkrecht zwischen dem inneren Augenwinkel und dem Nasenrücken. Die Augen können weiße oder hellgelbe Flecken am Rand der Iris aufweisen.

Die Mundhöhle weist oft einen schmalen, hohen Gaumen auf. Ein charakteristisches Merkmal ist jedoch die Zunge, welche häufig herausgestreckt wird, aufgrund der niedrigen Hypotonie (Muskeltonus). Darunter versteht man, dass die Muskeln oft schlaff und entspannt sind. Deshalb wird das Kind in seiner Motorik und Entwicklung beeinflusst. Es stellt für das Kind eine Herausforderung dar, sich zu rollen, zu setzen oder aufzustehen. Auch das Essen und Sprechen ist erschwert. Die Muskelhypotonie ist nicht heilbar, durch therapeutische Maßnahmen können die Muskeln so gestärkt werden, dass auch diese komplexen Bewegungsabläufe erlernt werden können.

Die Haut ist oft auffallend weich und zart und kann in den ersten Lebensjahren marmoriert erscheinen.

Ein weiteres Merkmal ist die Hautfalte an den Händen, sie wird auch als Vierfingerfurche bezeichnet.

Das Wachstum der Kinder mit Down-Syndrom verläuft sehr langsam und die Durchschnittsgröße liegt bei ca. 156 cm. Während sie als Kinder oft untergewichtig sind, ist während der Pubertät häufig eine starke Gewichtszunahme festzustellen. Durch eine vernünftige Ernährung und ausreichende Bewegung lässt sich eine Gewichtszunahme vermeiden.

Diese Merkmale treffen nicht auf jedes Kind mit Down-Syndrom zu. Bei manchen Kindern sind sie stärker ausgeprägt als bei anderen. Die Kinder können trotz gemeinsamer Merkmale ganz anders aussehen und sollten deshalb nicht auf die Merkmale reduziert werden. In ihrem alltäglichen Leben sind die Kinder dadurch nicht beeinträchtigt.[3]

3. Integration

Unter Integration wird eine Eingliederung von Menschen verstanden, unabhängig von ihrer körperlichen, geistigen, psychischen Entwicklung, sowie der religiösen und kulturellen Lage. Eine Integration ist dann gegeben, wenn alle Kinder die Chance haben sich in eine Gruppe zu etablieren und an dem Gruppengeschehen mit seinen vielfältigen Kompetenzen teilzunehmen. Somit wird das Kind in seiner Entwicklung unterstützt und eine Ausgrenzung verhindert.[4]

3.1 Integrationspädagogik – eine neue Chance?

Lange Zeit hat die heilpädagogische Betreuung von beeinträchtigten Kindern außerhalb der Familie und des sozialen Umfeldes stattgefunden.

Die therapeutischen und heilpädagogischen Einrichtungen haben sich zielgerichtet mit der Förderung des beeinträchtigten Kindes auseinandergesetzt. Dies sollte dazu führen, dass die Kinder sich in die Gesellschaft integrieren und ein Leben führen können, wie alle anderen. Dies hat allerdings seine Auswirkungen, denn auch Kinder mit Beeinträchtigung brauchen das soziale Umfeld um sich weiter zu entwickeln, wie auch Kinder ohne Beeinträchtigung.[5] Eine Untersuchung hat ergeben, dass Kinder die in einer sonderpädagogischen Einrichtung gefördert und betreut werden, nur von ebenfalls beeinträchtigten Kindern lernen und somit wenig Entwicklungsanreize und Impulse haben sich weiter zu entwickeln.[6]

Aufgrund der unterschiedlichen Einrichtungen, die die Kinder besuchen, wird es für die Kinder, mit zunehmendem Alter, eine Herausforderung darstellen in Kontakt miteinander zu treten. Dadurch steigt in einer Regeleinrichtung die Gefahr der Ausgrenzung. (vgl. Kindergarten-heute,2008, S 8f)

Durch die unzähligen Modellversuche sollte dies geändert werden. Laut SGB IX, §4,19 sollten Kinder mit und ohne Beeinträchtigung in Kindertageseinrichtungen integriert werden

---

[3] (vgl. Siegfried M. Pueschel, 1995, S.59ff)

[4] (vgl. Kindergarten-heute, 2003, S.8)

[5] (vgl. Kindergarten-heute,2008, S.8f)

[6] (vgl. Johannes Mand, 2008, S.7f)

und nicht von ihrem sozialen Umfeld getrennt spielen und lernen. (vgl.Kindergarten-heute,2008, S. 8)

Mit der Aufnahme von Kindern mit Beeinträchtigung in Regeleinrichtungen hat sich die Arbeit auch mit Kindern ohne Beeinträchtigung sehr verändert. Viele Eltern nehmen dieses Angebot in Anspruch und schicken ihr Kind in einen Regelkindergarten in der Umgebung. Es ist deutlicher geworden, dass auch Kinder mit unterschiedlichen Lernvoraussetzungen ihren Platz in der Einrichtung gefunden haben.

3.2 Behinderung - gleich anders?

Der Begriff Integration von beeinträchtigten Kindern hat mittlerweile einen hohen Stellenwert in unserem Sprachgebrauch gefunden. Aber was verstehen wir unter Behinderung und worin unterscheiden sich die Menschen mit Behinderung von anderen?

Behinderung kann unterschiedlich definiert werden. Für manche Menschen bedeutet eine Behinderung, wenn jemand in der Gesellschaft nicht mithalten kann. Das bedeutet, wenn ein Rollstuhlfahrer sich unter Menschen befindet, deren Grobmotorik nicht eingeschränkt ist, fühlt sich derjenige im Rollstuhl in diesem Moment als beeinträchtigt. Wenn sich Hörbeeinträchtigte in Gebärdensprache unterhalten, fühlt sich der Hörende in diesem Moment als beeinträchtigt, weil er nichts versteht.

An diesen Beispielen wird deutlich, dass jeder Mensch den Begriff Behinderung individuell definiert und es von der Situation abhängig ist, ob jemand als beeinträchtigt bezeichnet wird.

Die Gesellschaft ordnet die Menschen mit Beeinträchtigung nach gesund und krank ein. Geistig beeinträchtigte Menschen unterscheiden sich zwar in ihrer Entwicklung und brauchen Hilfestellung bei der Ausführung von bestimmten Aufgaben, können aber dennoch genauso lachen, weinen und sich freuen wie andere Menschen.

Auch Rollstuhlfahrer, die zwar in ihrer körperlichen Entwicklung eingeschränkt sind, können trotzdem sehen und lesen.

Blinde Menschen sind in ihrer visuellen Wahrnehmung eingeschränkt, jedoch ist ihr Geruchs- und Tastsinn dagegen sehr ausgeprägt.

Menschen, die nicht in ihrer körperlichen und geistigen Entwicklung eingeschränkt sind, unterscheiden sich durch persönliche Eigenschaften, haben Fachkompetenz in verschiedenen

Bereichen. Der eine hat einen guten Umgang mit Menschen, kann also im sozialen Bereich tätig sein, der andere dagegen kennt sich gut mit Computern aus.

Gerade diese Unterschiede sind in unserer Gesellschaft sehr wichtig, um sich gegenseitig Hilfe zu leisten und verschiedene Fähigkeiten anzueignen.[7]

3.3 Die ersten Schritte der Integration

Bevor ein Kind mit Down-Syndrom in einen Regelkindergarten aufgenommen wird, müssen sich alle Fachkräfte der Einrichtung bewusst werden, ob sie dies auch in ihrer Einrichtung umsetzen können. Es ist daher sinnvoll sich im Team mit folgenden Fragen auseinanderzusetzen, die für die Eingliederung des Kindes wichtig sind.

- Wie kommt eine Integration zustande?

- Wird die Herausforderung von allen ErzieherInnen angenommen und getragen?

- Gibt es spezielle Räume für heilpädagogische Fachkräfte?

- Welches heilpädagogisches Material wird benötigt?

- Wie hoch ist die Gruppenstärke?

- Besteht Kontakt zu anderen Institutionen?

- Wie kommt das betroffene Kind mit der Großgruppe zurecht?

Sind diese Fragen geklärt, kann eine Konzeption erstellt werden. Diese sollte so aufgebaut sein, dass alle Kinder aus dem Stadtteil die Möglichkeit haben diese Einrichtung zu besuchen, unabhängig von dem Grad der Behinderung, sei es die verlangsamte Sprachentwicklung oder das geistige Denkvermögen.

Das Erzieherteam sollte beachten, dass Eltern viele Bedürfnisse haben wenn sie ihr Kind in der Kindertageseinrichtung anmelden. Die Frage, nach Fördermöglichkeiten und individueller Unterstützung von dem Fachpersonal, kommt auf.

Es ist daher notwendig, dass sich das Team zunächst überlegt, welche Fachkompetenz und Erfahrung die einzelnen Teammitglieder mitbringen. Als Unterstützung kann das Team neue Fachkraft in Anspruch nehmen. Durch gesetzliche Vorgaben, bedarf das Kind mit

---

[7] (vgl. www.kindergartenpädagogik.de/231.html, Zugriff 20.12.08)

Beeinträchtigung einer heilpädagogischen Fachkraft, für eine gezielte und individuelle Förderung.

Bevor es allerdings zur Aufnahme des Kindes mit Down-Syndrom kommt, müssen die Rahmenbedingungen festgelegt werden. Auch hier sollte das Team zunächst Informationen über das jeweilige Kind einholen um weitere Maßnahmen planen zu können. Es muss geklärt werden, in welche Gruppe das Kind kommt und welches Teammitglied sich dazu bereit erklärt, das Kind in die Gruppe aufzunehmen.

Wenn dies geklärt wurde, wird der Raum auf Spiel- und Bewegungsmöglichkeiten untersucht und eine eventuelle Verbesserung und Umgestaltung vorgenommen.

Hat sich das Team entschieden, dass sie Kinder mit besonderen Bedürfnissen in den Kindergarten aufnehmen und dies auch in der Konzeption festgelegt haben, muss natürlich auch der Träger informiert und seine Zustimmung eingeholt werden. Bereits bei der Planung und Erstellung der Konzeption kann der Träger mitwirken.

Da eine enge Zusammenarbeit mit den Eltern in Kindertageseinrichtungen stattfindet, sollten die nichtbetroffenen Eltern in dieses Konzept miteinbezogen werden, um eine enge Zusammenarbeit weiterhin zu ermöglichen. Hierzu kann ein Elternabend veranstaltet werden, um die aufkommenden Fragen zu beantworten und über die Beeinträchtigung des Kindes mehr zu erfahren. Zum besseren Verständnis kann ein Fachmann eingeladen werden. Es ist wichtig, dass die Eltern darüber informiert werden, um mit ihren Ängsten oder Unsicherheiten besser umzugehen bzw. diese ganz abzubauen.

Wenn die Eltern hinter diesem Vorhaben stehen, der Träger sich dazu bereit erklärt hat das Team zu unterstützten und das Personal die Herausforderung annehmen möchte, können weitere Schritte erfolgen.

Die betroffenen Eltern werden nun zu einem Elterngespräch eingeladen und informiert, wie das Kind aufgenommen und betreut wird. Hier gilt es zu beachten, dass die Eltern Entscheidungsspielraum haben, für oder gegen eine Integration in einem Regelkindergarten. Dieser Wunsch sollte von dem Team akzeptiert werden. Eine enge Zusammenarbeit mit dem Kindergarten Team, dem Fachpersonal und anderen Institutionen ist von großer Bedeutung und die Bereitschaft dazu muss bereits vor Aufnahme des Kindes erfolgen. Es werden persönliche Wünsche von Eltern aber auch von dem Team und Fachpersonal geäußert um später Missverständnisse zu vermeiden. Die besonderen Erfordernisse müssen abgeklärt werden, wie das Kind betreut wird und was es zu seiner Entwicklung braucht. Gemeinsam mit dem Fachpersonal, dem Team und Eltern werden Ziele für das Kind festgelegt, die von allen befolgt werden sollten. Außerdem haben die Eltern die Möglichkeit einen Tag im Kindergarten zu hospitieren

Nachdem die Eltern informiert worden sind, können sie einen Antrag an den Sozialdienst des Gesundheitsamtes stellen und somit die Integration in dem Regelkindergarten beantragen. Außerdem kann Nach §40 BSHG eine Eingliederungshilfe beantragt werden, diese ist nur dann gerechtfertigt, wenn das Kind eine sinnvolle Integration in der Einrichtung bekommt und das Gesundheitsamt eine Behinderung des Kindes feststellen kann. Die Pauschale zur Eingliederung von körperlich oder geistig behinderten Kindern kann von Erziehungsberechtigten beim Sozialamt beantragt werden.

Der Sozialdienst des Gesundheitsamtes prüft den Förderbedarf des Kindes. Es wird ein Hilfeplan angefertigt, in dem alle Maßnahmen zur Förderung festgelegt sind. Dies beinhaltet z.B. eine zusätzliche heilpädagogische Fachkraft, die das Kind in der Einrichtung stundenweise betreut. Die Pauschale liegt bei ca. 450 Euro. Die Voraussetzungen dafür sind, dass die Zusatzkraft an Weiterbildung oder einer Zusatzausbildung teilgenommen hat bzw. sonderpädagogische Erfahrungen vorlegen kann. Diese Fachkraft unterstützt das Kind in seinem Tagesablauf im Kindergarten wie z.B. Toilettengang, beim Essen, Anziehen usw.

Werden diese Schritte von der Einrichtung umgesetzt, kann einer Integration nichts mehr im Wege stehen.[8]

4. Regelkindergarten

Heutzutage hat die Zahl des Besuches in einem Regelkindergarten enorm zugenommen. Laut der aktuellen Untersuchungen, besuchen 75% der Kinder mit Beeinträchtigung den Regelkindergarten. Die Eltern nehmen dieses Angebot sehr gerne in Anspruch und empfinden die Wohnortnähe und die Kommunikation mit Kindern aus der Nachbarschaft als positiv für ihr Kind. In einem Regelkindergarten weist der Großteil, von ca. 20 Kindern, keine Beeinträchtigung auf. Das Kind lernt durch das Vorbild der nicht beeinträchtigten Kinder sich in Alltagssituationen zurechtzufinden. Ein Regelkindergarten ist daher sehr wichtig für die Entwicklung des Kindes und die Eltern haben das Gefühl, dass sie dazugehören und ein Teil der Gesellschaft sind. Im Vergleich zum Regelkindergarten entspricht ein

---

[8] (vgl. www.kindergartenpädagogik.de/231.html, Zugriff 27.12.08)

Integrationskindergarten anderen Rahmenbedingungen. Ein Integrationskindergarten hat kleinere Gruppen mit ca. 15 Kindern, davon weisen ca. 4 Kinder eine körperliche oder geistige Beeinträchtigung auf. Für diese Anzahl von Kindern, sind zwei Fachkräfte zuständig, eine Fachkraft bringt heilpädagogisches Fachwissen mit.[9]

5. Vorbereitung auf den Kindergarten

Bevor das Kind neu in den Kindergarten kommt ist es sinnvoll, dass die Eltern dem Kind ganz genau erklären, obwohl es noch nicht alles versteht, dass es bald den Kindergarten besuchen wird. So wird das Kind bereits vorher darauf vorbereitet um später einen reibungslosen Übergang zu ermöglichen. Dazu gehört natürlich auch, dass die Eltern täglich mit dem Kind die Umgebung erkunden, in der sich die Einrichtung befindet und das Kind mit der Gruppe und dem Erzieherteam vertraut machen.[10]

Die Eingewöhnungsphase ist, sowohl für Kinder mit als auch ohne Beeinträchtigung, sehr wichtig. Wenn das Kind die erste Zeit ängstlich oder unglücklich ist, kann ein Elternteil das Kind für einige Stunden begleiten bis es sich einigermaßen gewöhnt hat. Wenn sich das Kind nach der Eingewöhnungsphase weiterhin unsicher oder ängstlich fühlt, kann ein vertrauter Gegenstand mitgenommen werden oder etwas, was den Eltern gehört.

Eine enge Zusammenarbeit ist mit dem Erzieherteam von großer Bedeutung. Die Eltern sollten daher die Angebote die im Kindergarten durchgeführt worden sind, auch zu Hause aufgreifen da das Kind noch nicht in der Lage ist zu erzählen was es im Kindergarten gemacht hat.[11]

5.1 Aufgaben der ErzieherInnen

Bevor das Kind in den Kindergarten aufgenommen wird, ist ein enger Kontakt mit den Eltern von großer Bedeutung. Der/die Erzieherin sollte sich bei den Eltern nach verschiedenen Krankheiten des Kindes erkundigen, wie das Kind auf Körperkontakt reagiert und wie es sich zu Hause verhält.

Das Kind mit Down-Syndrom braucht ganz klare Strukturen. Diese sollten von dem/der ErzieherIn deshalb bereits vorher geplant werden. Das Kind kann leicht aus dem Konzept

---

[9] (vgl. Das Kind mit Down-Syndrom im Kindergarten, 2006, S.11)

[10] (vgl. Claire D. Canning, 1995, S.120)

[11] (vgl. Das Kind mit Down-Syndrom im Kindergarten, 2006, S.4f)

geraten, wenn etwas nicht so abläuft wie es geplant worden ist. Wenn das Kind in ein Spiel vertieft ist, wird es kein neues Spiel anfangen wollen. Bei Aufgabenverweigerung sollte der/die ErzieherIn es mit Humor versuchen und dem Kind eventuell Hilfe anbieten diese Aufgabe zusammen mit einem anderen Kind zu erledigen.

Durch die verlangsamte Entwicklung des Kindes ist es wichtig, dass der/die ErzieherIn viel Geduld mitbringt, sich dem Kind zuwendet und sich Zeit lässt sich mit ihm zu beschäftigen.

Kinder mit Down-Syndrom brauchen viel Aufmerksamkeit und wollen das Gefühl vermittelt bekommen, dass sie wahrgenommen werden. Hier ist es wichtig, erwünschtes Verhalten zu ermutigen und unerwünschtes zu ignorieren. Die Kinder erfahren eine gewisse Disziplin und lernen sich an die Regeln zu halten.

Viele Kinder mit Down-Syndrom spielen gerne mit anderen Kindern, möchten jedoch auch für sich alleine etwas machen. Mit einer guten Spielidee lassen sich die Kinder wieder schnell überzeugen.

Diese Kinder verfügen über eine enorme Spontaneität, sind einfühlsam, fröhlich und besitzen ein ausgeprägtes Sozialverhalten. Diese Fähigkeiten sollen deshalb von den Erziehern verstärkt werden, indem sie auf die Wünsche der Kinder eingehen und sich ihnen zuwenden.

Kinder mit Down-Syndrom brauchen eine Bestätigung in ihrem Können, deshalb ist es wichtig, dass der/die ErzieherIn die Kinder lobt und in ihrem Tun bestärkt. Positive aber auch negative Aspekte, die in ihrer Gegenwart erwähnt werden, bekommen die Kinder mit. Es sollte darauf geachtet werden, dass der/die ErzieherIn nur positiv über das Kind spricht.

Der/Die ErzieherIn sollte dem Kind genau erklären, wann die Eltern wiederkommen z.B. wenn das Kind fertig gemalt hat oder nach dem Mittagessen. Dabei ist zu beachten, dass es auch die letzte Beschäftigung des Kindes ist und es danach keine Lust mehr hat irgendetwas anderes zu machen weil es auf die Mutter wartet. Kinder mit Down-Syndrom nehmen solche Versprechungen oft sehr ernst, deshalb sollte man darauf achten, dass dieses Versprechen auch eingehalten wird.[12]

5.2 Einzel-und Gruppenintegration

Die Kinder mit Down-Syndrom werden nicht nur in die Gruppe integriert, sie brauchen ebenfalls eine Einzelbetreuung und -förderung. Die Kinder haben das Recht auf eine spezielle

---

[12] (vgl. Das Kind mit Down-Syndrom im Kindergarten, 2006, S.3ff)

Förderung, die von einer Förderstelle geleistet wird. Die heilpädagogische Fachkraft besucht das Kind regelmäßig im Kindergarten und übt in einer Kleingruppe bestimmte Fähigkeiten und Fertigkeiten mit dem Kind. Hierzu gehören Angebote zur Förderung der Fein- und Grobmotorik aber auch Kreisspiele, die das Selbstbewusstsein des beeinträchtigten Kindes stärken. Die Einzelintegration beinhaltet nicht nur die Förderung in Kleingruppen, sondern auch eine Sprachförderung. Es kommt eine spezielle Fachkraft für einige Stunden in den Kindergarten, um mit dem beeinträchtigten Kind verschiedene Übungen zu machen, die seine sprachliche Entwicklung verbessern. Das Kind lernt durch Sprechspiele, Fingerspiele mit seiner Sprache umzugehen und sie anzuwenden. Regelmäßiges üben kann die sprachliche Entwicklung enorm verbessern. [13]

Bein einer Gruppenintegration ist die ganze Gruppe an der Integration des Kindes beteiligt.

Es ist wichtig, dass die Kinder sehr exakt mit der Beeinträchtigung vertraut gemacht werden. Vorher können mit den Kindern bereits die Unterschiede wie z.B. in der Kultur, Rasse, Geschlecht, unterschiedliche Fähigkeiten besprochen oder diese anhand von Bilderbüchern verdeutlicht werden. Um auf die Beeinträchtigung des Kindes genau einzugehen, kann ein Bilderbuch über das Down-Syndrom vorgelesen werden („Winnie" Fotobilderbuch über ein kleines Mädchen mit Down-Syndrom) und den Kindern durch Erklärungen die Situation verdeutlichen wie z.B. „S. sieht anders aus weil sie eine Krankheit hat, mit der sie nicht zum Doktor gehen kann. Deshalb müssen wir ihr manchmal helfen und Worte vorsagen weil sie nicht alles versteht."

Für die Integration in der Gruppe ist es wichtig, dass das Kind nicht nur individuell betreut wird, sondern es gemeinsam in der Gruppe gefördert wird. Das Kind sollte möglichst bei allen Aktivitäten mitmachen um selbständiger zu werden und das Gefühl der Sicherheit und in die Gruppe dazu zu gehören wird stärker. Die meisten Kinder mit Down-Syndrom bringen nicht alle Fähigkeiten bereits am Anfang mit wie z.B. Jacke ausziehen oder auf die Toilette gehen. Durch die immer wieder kehrende Rituale im Tagesablauf, die Nachahmung und Unterstützung der anderen Kinder, kann das Kind diese Fähigkeiten erlernen. Da das Kind mit Down-Syndrom eine Schwäche in der sprachlichen Entwicklung aufweist, kann diese mit Hilfe von verschiedenen Sprechspielen, Fingerspielen, Rollen- und Kreisspielen verbessert werden. Diese sind nicht nur für die Entwicklung des beeinträchtigten Kindes von Vorteil, sondern bereitet auch den anderen Kindern sehr viel Freude. Ebenfalls sind für die

---

[13] (vgl. Das Kind mit Down-Syndrom im Kindergarten, 2006, S.9f)

Verbesserung der Mundmotorik weitere Spiele hilfreich wie z.B. Wattepusten, Seifenblasen oder Lippenbrummen hilfreich. Wenn das Kind mit Down-Syndrom Schwierigkeiten hat sich auszudrücken oder sich mitzuteilen, kann dies durch Gebärden oder Bilder unterstützt werden. Die Kinder ohne Beeinträchtigung werden ebenfalls miteinbezogen und erfahren somit auch andere Kommunikationsmittel.[14]

Anhand von Kreisspielen kann eine Integration im Regelkindergarten umgesetzt werden.

Kreisspiel

Die kleine Schnecke Max, wollt' mal auf Reisen gehen,

Trugs Häuschen huckepack und sagt Auf Wiedersehen

So viele Tage schon, lief sie gerade aus.

Dann hatte sie genug, verschwand im Blätterhaus

Bei diesem Kreispiel können sowohl Kinder mit aber auch ohne Beeinträchtigung mitmachen. Es wird gemeinsam ein Lied gesungen, dabei wird ein Kind ausgewählt und darf in die Mitte des Kreises gehen. Dieses Kind ist die Schnecke Max und krabbelt in der Kreismitte. Bei der Stelle „Blätterhaus" kriecht das Kind bei einem anderen Kind unter dem Stuhl durch und wählt somit eine neue Schnecke Max aus. Das Spiel wird solange gespielt bis alle Kinder dran waren.

Zipfelmütze

Ein Kind geht im Kreis umher, Hände gefaltet auf dem Kopf, alle Kinder singen:

„Eine kleine Zipfelmütze geht in unserm Kreis herum, 3x3 ist 9ne, ihr wisst schon was ich meine, 3x3 und 1 ist 10, Zipfelmütz bleib stehn, bleib stehn, bleib stehn!"

Das Kind sucht sich nun ein anderes Kind, sie geben sich die Hände, es wird weiter gesungen:

„ Sie rütteln sich sie schütteln sich sie werfen die Beine hinter sich, sie klatschen in die Hand, wir beide sind verwand!"

Dann beginnt wieder alles von vorne, es werden immer mehr Zipfelmützen.

---

[14] (vgl. Das Kind mit Down-Syndrom im Kindergarten, 2006, S.10)

An diesem Spiel kann man erkennen, dass die ganze Gruppe an dem Spiel beteiligt ist und keiner ausgelassen wird. Auch wichtig, dass das Kind mit Down-Syndrom miteinbezogen wird. Das Kind mit Down-Syndrom versteht zwar nicht so viel, was gesungen wird, vor allem ist es wichtig, dass die Freude am Spiel im Vordergrund steht.

<u>Grauer-Esel</u>

Es wird gemeinsam ein Lied gesungen: „ ein kleiner grauer Esel, der wandert durch die Welt. Er wackelt mit dem Hinterteil, so wie es ihm gefällt. Ia-ia-iaiaia

Ein Kind wird als erster Esel auserwählt und krabbelt als Esel im Kreis umher. Beim Text „wackelt mit dem Hinterteil" mit dem Popo wackeln, bei „Ia" sucht sich das Eselkind ein zweites Kind und „ia" es an. Nun sind zwei Eselkinder im Kreis, dann vier, sechs, acht, usw. bis alle Kinder in der Mitte sind. Nun ändert sich der Text: „ So viele graue Esel die wandern durch die Welt. Sie sind ganz müd', sie sind ganz müd' und schlafen gleich ein." Die Kinder legen sich auf den Boden im Kreis. Der Text wird gesprochen: „Am nächsten Morgen kommt die liebe Sonne und kitzelt die Eselchen munter." Erzieher geht von Kind zu Kind und kitzelt sie. Wer gekitzelt wurde, geht zu seinem Platz zurück.

5.3 S.[15] im Kindergarten

An diesem Beispiel, möchte ich verdeutlichen wie S. in meiner Praxisstelle aufgenommen wurde und sich im Laufe der Zeit entwickelt hat.

S. war 4 Jahre alt als sie in den Kindergarten kam. Von Geburt an hat S. das Down Syndrom und weist eine Sehschwäche auf. Die Eingewöhnungsphase verlief bei S. mit Ängsten und Unsicherheiten. Die erste Zeit kam S. mit ihrer Mutter in Begleitung. Dies war wichtig, um die ersten Ängste abzubauen und sich einzugewöhnen. S. war ein lebendiges, selbständiges kleines Mädchen und hat Hilfe, die ihr angeboten wurde, sofort wieder abgewiesen. Die ersten Tage besuchte S., zwei Mal in der Woche für ca. 2 Stunden, den Kindergarten. Als wir gemerkt haben, dass sie sich langsam mit den Kindern vertraut gemacht hat, ließ ihre Mutter sie für ca. 3 Stunden alleine und kam wie versprochen wieder. Es war wichtig, dass S.. wusste wo ihre Mutter ist und wann sie wieder kommt.

Die erste Zeit verhielt sich S. den Kindern und Erziehern gegenüber distanziert und abweisend. Sie spielte oft alleine in der Puppenecke oder auf dem Bauteppich und wollte von

---

[15] Name anonymisiert.

anderen nicht gestört werden. Die anderen Kinder versuchten dennoch mit ihr Kontakt aufzunehmen und haben sie immer wieder in die Puppenecke begleitet und mit ihr zusammen gespielt. Dies gab S. Sicherheit und sie hat langsam Vertrauen aufgebaut.

Von Anfang an erhielt S. eine Unterstützung von der heilpädagogischen Fachkraft, die nicht nur den Alltag und die Erzieher entlastet, sondern die S. in ihrem Alltag begleitet hat. Die heilpädagogische Fachkraft kam täglich und unterstützte S. bis zum Schluss. Außerdem bekam S. einmal in der Woche eine Sprachförderung und wurde in einem Intensivraum individuell gefördert. Die Fortschritte die S. im Kindergarten gemacht hat, ließen sich bereits nach wenigen Monaten erkennen. Durch die Integration in diesem Regelkindergarten lernte S. viel von den Gleichaltrigen Kindern und fügte sich langsam in die Gruppe ein.

Nun hat S. täglich am Kindergartengeschehen teilgenommen und wurde mit viel Freude von Erzieherinnen und Kindern empfangen. Im Morgenkreis verhielt sie sich noch etwas zurückhaltend, wurde von den Kindern zu jedem Spiel eingeladen. In ihrer Grobmotorik war sie zwar etwas eingeschränkt, versuchte dennoch bei jedem Spiel mitzumachen. Das Erzieherteam hat darauf geachtet, dass S. auch bei jedem Spiel mitmachen konnte und somit auch Kontakt zu anderen Kindern aufnahm.

Immer mehr merkten die Erzieherinnen die schnelle Entwicklung von S.. Ich habe gemerkt, dass der Regelkindergarten für S. auf ihr späteres Leben Auswirkungen haben wird.

6. Fazit

Durch meine Recherchen und die Bearbeitung für diese Arbeit zum Thema Integration von Kindern mit Down-Syndrom in einen Regelkindergarten, habe ich für mich persönlich gelernt, wie wichtig die Integration von Kindern mit Beeinträchtigung ist und dies auch zu seiner Entwicklung beiträgt. Erst durch die Integration wird das Kind in die Gesellschaft miteinbezogen und das Gefühl gegeben, dass es auch ein Teil der Gesellschaft ist. Die Eltern empfinden daher den Regelkindergarten als eine Bereicherung für sie und vor allem für das Kind. Meines Erachtens ist es wichtig, dass mehr Regeleinrichtungen dies als eine Chance sehen und dieses Angebot anbieten, jedes Kind mit und ohne Beeinträchtigung aufzunehmen. Es ist daher wichtig, dass man sich als ErzieherIn mit dem Thema auseinander setzt und die Herausforderung annimmt. Außerdem konnte ich bei der Bearbeitung des Themas erkennen, dass das Kind enorme Fortschritte machen kann, wenn es unter Kindern ohne Beeinträchtigung aufwächst. Es lernt durch die Nachahmung und das Vorbild von Gleichaltrigen. Ich persönlich sehe es als eine gelungene Integration wenn, das Kind unabhängig von dem Grad der Behinderung als ein Individuum angesehen, respektiert und von anderen Kindern angenommen wird. Wenn die Kinder sich jeden Tag freuen das Kind im Kindergarten wieder zu sehen und es vermissen wenn es nicht da ist. Wenn das Kind sich mit seinen Kompetenzen einbringt und die anderen Kinder es als eine Bereicherung empfinden und vor allem das Kind selbst sich als kompetent erlebt.

Durch die Bearbeitung dieses Themas konnte ich viele neue Erkenntnisse über das Down-Syndrom und die Integration gewinnen. Ich denke, dass ich meine Erfahrungen im späteren Leben mit einbringen kann, da dieses Thema heutzutage von großer Bedeutung ist und es immer mehr ausgebaut wird.

7. Literaturverzeichnis

Deutsches Down-Syndrom Infocenter (2006): Das Kind mit Down-Syndrom im Kindergarten, 5. Auflage, Lauf a. d. Pegnitz

Kindergarten heute: Der lange Weg zur „Normalität" beginnt in unseren Köpfen; gelungene Integration am Beispiel Bremen 6-7/2003, S. 7f

Kindergarten heute: Inklusion - eine Pädagogik der Vielfalt leben, 10/2008, S. 8f

Mand, Johannes (Hg.): Integration konkret. Begründung, didaktische Konzepte, inklusive Praxis, Bad Heilbrunn 2008

Pueschel, M(Hg.)(1995): Down-Syndrom. Für eine bessere Zukunft. In: Pueschel, M(Hg): Ein Blick in die Geschichte S. 37; Besondere Merkmale beim Kind mit Down-Syndrom S. 59-63 /Claire D. Canning: Das Kind auf den Kindergarten vorbereiten. Stuttgart S.120

Textor Martin R. (Hg.): Kindergartenpädagogik- Online-Handbuch 08.11.1999 In: www.kindergartenpaedagogik.de/231.html, , v. 27.12.08